¡Sssssshhhhhhhhhh!

Haz del teatro algo íntimo

Llévalo siempre en el bolsillo

Cubierta y diseño editorial: Éride, Diseño Gráfico
Dirección editorial: ángel jiménez
Imagen de portada: K von Kunst

Primera edición: octubre, 2025

La prueba de los ingenios
Noelia Pérez
© VdB, 2025
Espronceda, 5
28003 Madrid

VdB®

ISBN: 979-13-87644-45-1
Depósito Legal: M-21413-2025
Diseño y preimpresión: Éride, Diseño Gráfico

 Este libro protege el entorno

la prueba de los ingenios

versión de la obra del mismo título
de
Lope de Vega

Noelia Pérez
(1993, Madrid)

Directora de escena, dramaturga y docente. Egresada en Interpretación Textual por la RESAD. Graduada en Filosofía, Máster en Teatro y Artes Escénicas, ambas por la Universidad Complutense de Madrid. MA Collaborative Theatre Making en Rose Bruford College, Londres.

Antigua residente del programa de residencias artísticas de ayudantía de dirección del Teatro Español, Madrid (2022). Sus obras se han estrenado en el Corral de Comedias de Alcalá de Henares, Teatros del Canal, Festival Iberoamericano de Siglo de Oro, Clásicos en Alcalá. Su obra *Los prodigios*, versión libre e interactiva de *Los tres mayores prodigios*, de Calderón de la Barca, fue acogida por el programa mentor A.U.R.E.O. de la Comunidad de Madrid. Ha estrenado títulos como directora y dramaturga como *La granja*, *La prueba de los ingenios*, *Las amazonas*, *Thalatta*, *Firmamento. Un salto en tres tiempos*, etc. Ha publicado *Las amazonas* (grupoéride, 2024) y Los prodigios (grupoéride, 2023).

Fundadora y directora de la compañía Evogía, con la que investiga y desarrolla proyectos artísticos que invitan a la reflexión, la interacción y la educación. Sus intereses artísticos navegan en el teatro interactivo, en el que se cuestiona la relación con el público y la responsabilidad que tenemos como espectadorxs; la unión de la filosofía y teatro, ambas como cuestionamiento de la realidad, y la renovación y rescate de los textos clásicos como fuentes de saber y de entendernos mejor a nosotrxs mismas.

Noelia Pérez

la prueba de los ingenios

versión de la obra del mismo título
de
Lope de Vega

Esta comedia se estrenó el 29 de junio de 2024,
en el C.C. Gilitos de Alcalá de Henares,
interpretada por Ana Veganzones (Florela),
Melissa Skrobiszewska (Laura), Alba Pineda (Finea/Paris/Criado),
Óscar de la Blanca (Camacho/El Infante de Aragón/Ricardo),
Óscar Fervaz (Alejandro/Duque) y Noelia Pérez (Lady Di Alloro).

Dirección: Noelia Pérez.

Personajes

FLORERA	dama
RICARDO	criado de Florera
ALEJANDRO	galán
CAMACHO	criado de Alejandro
LAURA	dama
FINEA	criada de Laura
PARIS	príncipe de Urbino
El DUQUE de Ferrara	padre de Laura
El INFANTE de Aragón	
LADY DI ALLORO	voz en off

Criado 1 y 2 y dos guardas.

Jornada primera

LADY DI ALLORO   Queridos habitantes de Ferrara, es con gran emoción que les informo sobre el gran día que nos aguarda. Decenas de pretendientes han llegado desde distintas partes del mundo: Alemania, Francia, España e Inglaterra. Todos con el propósito de conquistar el corazón de nuestra querida Laura. La más bella e inteligente de toda la Toscana. Altos, fuertes y elocuentes se presentan ante el Duque con la esperanza de obtener su bendición para desposar a nuestra encantadora doncella. ¿Quién será el elegido? La respuesta solo el tiempo nos la dará.

Firmado: Lady di Alloro.

Escena 1

Salen Florela y Ricardo.

Ricardo   Yo te he dicho la verdad.

Florela   Y yo estoy desesperada,
          burlada mi honestidad;
          haré del dolor espada,
          y de mi muerte piedad.   5

Ricardo   Pues ¿será piedad matarte?

Florela   Pues ¿qué remedio o qué arte
          podrán dármele mejor
          que matándome el dolor?

Ricardo   No me atrevo a consolarte.   10

Florela   Ni tiene mi mal consuelo.

Ricardo   ¿No le puedes olvidar?

Florela   No quiso, Ricardo, el cielo.

Ricardo   ¿Cómo?

Florela   Dejeme engañar.

RICARDO	Tu desventura recelo:	15
	nunca me dio tanta cuenta	
	Alejandro de su amor.	
	Mal hace: casarse intenta.	
FLORELA	La fama de su valor	
	sobredoraba mi afrenta;	20
	dos mil palabras me dio	
	de que mi esposo sería.	
RICARDO	Amor la furia templó.	
FLORELA	Si ha sido la culpa mía,	
	¿de quién me lamento yo?	25
RICARDO	Pocos las suelen cumplir	
	tras el arrepentimiento	
	que al placer suele seguir.	
FLORELA	¿Podré yo su casamiento	
	de alguna suerte impedir?	30
RICARDO	¿Cómo, si se va a Ferrara	
	su nueva pretensión,	
	que en el ser duque repara,	
	que no es de Laura afición,	
	ni la tiene fe tan rara?	35
	El Duque es viejo, y la quiere	
	casar, porque, en fin, si muere,	
	no elija como mujer.	
FLORELA	Que, ¿sólo va a pretender?	

RICARDO	Así el vulgo lo refiere,	40
	que es el padre de la fama.	
FLORELA	Dicen que la ferraresa	
	es bella y discreta dama.	
RICARDO	De decírtelo me pesa:	
	única el mundo la llama.	45
FLORELA	¿Tiene buen entendimiento?	
RICARDO	No tiene tu ingenio raro,	
	ni tus estudios, mas siento	
	que es honestamente claro;	
	pero no entiendo tu intento.	50
FLORELA	Yo la tengo de ir a ver.	
RICARDO	¿A qué efecto?	
FLORELA	A conocer	
	una mujer tan hermosa	
	y discreta.	
RICARDO	Estás celosa:	
	algo quieres revolver.	55
FLORELA	Mis diligencias, Ricardo,	
	no se excusan por mi honor.	
RICARDO	Mal fin del suceso aguardo.	

FLORELA	Temo que le cobre amor:
	que es Alejandro gallardo. 60

RICARDO	¿Entre tantos pretendientes
	le ha de escoger?

FLORELA	Poco sientes
	de mi gusto, pues lo dudas.
	¡Ay, Ricardo! ¿No me ayudas?

RICARDO	Sí haré, como no te ausentes. 65

FLORELA	Pues si Alejandro se parte
	por heredar a Ferrara,
	¿qué he de hacer?

RICARDO	Desengañarte,
	que el cielo tu causa ampara,
	que él sabrá consolarte. 70
	Y pues tanto has estudiado,
	que te llaman la Sibila
	de Mantua, y que al más letrado
	tu vivo ingenio aniquila,
	tantas veces laureado 75
	en celebrada poesía,
	natural filosofía
	y aritmética despierta,
	en matemática cierta
	y curiosa astrología, 80
	bien te sabrás consolar,
	divertir y entretener.

FLORELA   Para dejarle de amar,
bien me supiera valer
de mi profundo estudiar;   85
mas para el perdido honor
no hallo consuelo mayor
que ir a estorbar que se case.

RICARDO   ¿Si él en Ferrara te hallase?

FLORELA   Que no hay ponerme temor: 90
Diré que voy a Loreto
a cierta promesa.

RICARDO   Yo
el secreto te prometo.

FLORELA   Nunca el honor se perdió
mientras que duró el secreto: 95

(*Vase.*)

FLORELA   Venció Alejandro mi constante pecho;
no hay al primer amor mujer constante,
y de mi fortaleza, lo importante
por tierra puso el tiempo a mi despecho.
El alto muro de mi honor deshecho,   100
labrado de mil puntas de diamante,
mandó al alcaide que al amor levante
la puente levadiza al paso estrecho.
Para que la mujer escuche y crea,
naturaleza al principal sentido,   105
que es el oír, con cera le rodea.
¡Oh, mujeres! Si amor no os ha vencido

¿qué importa que diamante el pecho sea,
si es de cera la puerta del oído?

(*Vase.*)

LADY DI ALLORO   Querida Ferrara, acaba de llegar
uno de los pretendientes más aclamados de
toda Italia. Alejandro. Tal y como su nombre
indica, comparable al Magno, es todo un con-
quistador. Buen talle, voz angelical y una gran
astucia. Rumores sugieren que sus recursos
no igualan su ambición, como lo demuestra
su llegada a pie esta mañana. ¿Será el amor
sincero o la ambición lo que lo trae a nuestras puertas? Solo el tiempo dirá.

Firmado: Lady di alloro.

Escena 2

Sale ALEJANDRO.

ALEJANDRO   No aborrezco yo a Florela,   110
que la quiero como a mí;
quéjese del tiempo aquí,
que es autor desta cautela.
El ofrece la ocasión
en que tengo de casarme,   115
pues habiendo de emplearme,
diversos sujetos son
una señora, aunque noble,
a quien yo soy desigual,
como a la palma triunfal   120
el rudo y humilde roble:
o la bellísima Laura
que si la fama no miente,
a la dichosa presente,
la edad antigua restaura;   125
y que el que fuere su esposo
será Duque de Ferrara.
¿Qué ven mis ojos?, repara
Ahí viene un hombre quejoso.
Sólo en su gusto repara   130
amor, de su amor celoso.

(*Entra* CAMACHO, *de camino.*)

CAMACHO	Yo he corrido por llegar
	a dar ésta, de tal modo,
	que vengo perdido todo.

ALEJANDRO   Luego iréis a descansar;   135

CAMACHO   Soy muy servidor de quién
me diese en qué descansar;
que hombre no puede topar
siempre caballos de bien.
Laura es bella; el Duque es viejo: 140
no hay en Italia, señor,
quien no procure su amor.
Notables Príncipes dejo
en la corte de Ferrara,
galas que asombran, deseos   145
que admiran, fiestas, torneos,
y grandeza que el sol para.
Esto dicen por allá,
aunque el vulgo solamente.

ALEJANDRO   No lo digas, hombre; tente,   150
que pesadumbre me da.
Yo voy, y cuando me vean,
podrá ser, bien podrá ser,
que muden de parecer
los que al de Urbino desean.   155

CAMACHO   ¿Llevas dinero?

ALEJANDRO   Sí llevo.

CAMACHO	Pues cuéntate vencedor;	
	que un príncipe gastador,	
	franco, y en la corte nuevo,	
	todo lo lleva tras sí,	160
	porque hasta los oficiales	
	le bendicen.	

ALEJANDRO	De Reales	
	padres y sangre nací.	

CAMACHO	Alabaráte el platero,	
	el sastre y el mercader,	165
	a quien has de enriquecer,	
	hasta el mismo zapatero:	
	los artes te alabarán,	
	enriquecerás poetas,	
	que tus grandezas secretas	170
	al mundo publicarán;	
	a los pintores, haciendo	
	mil retratos celebrados:	
	con pleitos a los letrados,	
	o pidiendo o defendiendo;	175
	en fin, por donde pasares,	
	dirán todos: «Aquel es	
	el de Mantua», y aun después	
	que de tus discursos pares;	
	y aun a los templos también	180
	cuando, en entierro famoso,	
	de mil años victorioso,	
	salgas de este mundo, amén.	

ALEJANDRO	Tus discursos y tu humor
	me obligan a preguntarte 185
	quién eres y de qué parte.

CAMACHO	Por patria, español, señor:
	por oficio, un escudero
	de aquel noble, deudo tuyo:
	valióme el amparo suyo, 190
	dos años hizo este enero,
	pero hay tantos, que viniera
	a morir de hambre.

ALEJANDRO   ¿Querrás
          servirme?

CAMACHO   No sé qué más
          pedir al cielo pudiera   195

ALEJANDRO   Aprestad, que he de partirme
          al punto.

CAMACHO   Por ir contigo
          dejo el descanso, pues sigo
          el de vivir cierto y firme.

ALEJANDRO   Algo el cansancio restaura.   200

CAMACHO   Ya no hay cosa que me duela.

ALEJANDRO   Pues si aquí viene Florela,
          decid que me busque en Laura.

          (*Vanse.*)

Escena 3

Salen Laura y Finea.

Laura	Nadie me puede agradar.	
Finea	No puedo entender qué sea.	205
Laura	Yo bien lo entiendo, Finea, mas no me sé declarar.	
Finea	¿Es esquiva condición?	
Laura	No, sino el verme rogada; que a ser mujer olvidada, luego tuviera afición. También nace no inclinarme a nadie que me pretenda, el ver que no es por la prenda ni se funda en sólo amarme; que todos vienen aquí a ser duques de Ferrara; que su deseo repara más en mi estado que en mí.	210 215
Finea	No vas fuera de razón: no debes imaginar que habiéndote de casar	220

has de hacer justa elección.
que aunque es verdad que interés
los trae, tu hermosa vista   225
hace mayor la conquista
que los estados que ves.
¿Qué te parece el de Urbino?

LAURA   Por todo extremo galán.

FINEA   Todos lo empresa le dan.   230

LAURA   Pues yo a ninguno me inclino.
yo te juro de no ser
sino de quien yo supiere
que, más que ciudades,
quiere el alma de una mujer.   235
Laura ha de ser la querida,
no la ciudad de Ferrara,
porque mi vida repara
en que se estime mi vida.

Escena 4

Sale un criado.

CRIADO	Una señora extranjera	240
	que pasa a una devoción	
	a Loreto, y que en razón	
	de su belleza pudiera	
	ser visitada de ti,	
	viene a verte y visitarte.	245

FINEA   Hoy tienes con qué alegrarte.

LAURA   Que espero alegre le di.

(*Sale* FLORELA.)

FLORELA   Vuestra Excelencia me dé
sus manos.

LAURA   Cuando yo fuera
el sol, mis rayos os diera,   250
de rendido al que se ve
en la belleza divina
de esos ojos.

FLORELA   Deteneos,
porque puedan mis deseos

correr al sol la cortina: 255
que si la ponéis en mí,
de vergüenza y de temor,
ciega al primer resplandor,
me iré sin decir que os vi.
No en vano cantó la fama 260
tantos milagros de vos:
que si discrepáis las dos,
es porque fénix os llama
no más que de la belleza,
siéndolo el ingenio tanto, 265
que igualmente dais espanto
y honráis a naturaleza.
Pero ya tendréis cuidado
de saber quién soy.

LAURA   Sí tengo.

FLORELA   Una mujer soy que vengo 270
a veros porque me ha dado
vuestra fama este deseo.
No soy señora, aunque soy
noble, y mi palabra os doy
que si pretendiera empleo 275
de mi persona en servir,
que sólo a vos os sirviera.

LAURA   ¿Sois libre?

FLORELA   Si no lo fuera
no me atreviera a decir
que os sirviera con tal gusto. 280

LAURA	¿De dónde sois?
FLORELA	Soy romana.
LAURA	Y ¿es vuestro nombre?
FLORELA	Diana.

LAURA Si vos queréis, mas no es justo,
quedar en mi compañía,
partiremos lo que soy.   285

FLORELA Mil gracias, señora, os doy,
solo a serviros venía.
Si os he de decir verdad,
de mi calidad sabréis
muy presto si vos queréis.   290

LAURA El ingenio es calidad
la mayor para servir.

FLORELA En ocasión tan honrada,
estáis muy necesitada
de quien os sepa escribir.   295
Yo sé las lenguas que son
más generales.

LAURA   Venís
a tiempo que me infundís
nueva vida y corazón.
Y tengo a grande ventura   300
que a servir os inclinéis
de oficio en que me podéis

en aquesta coyuntura
escribir y aconsejar.
No sé si os dijo la fama   305
la campana con que llama
mi padre el mundo a casar;
que es con este rico estado,
tan sonoro, alto y profundo,
que ha de lo mejor del mundo   310
los príncipes convocado.
Con esto se ha permitido
servirme públicamente,
y cada cual lo que siente
dice y escribe atrevido.   315
Aquí tu gran discreción
me ha de guiar como estrella,
para que llegue por ella
a fin de mi pretensión;
que es acertar a casarme,   320
cosa que el cielo concierta,
que sin él ninguno acierta.

FLORELA   Gustas, señora, de honrarme;
pero también decir puedo
de mí, que en esta ocasión   325
mostraré la obligación
con que en tu servicio quedo.

FINEA   Están mostrando su ardor;
detrás de aquestos cristales
los puedes ver; que son tales,   330
que obligan a justo amor.

LAURA   Ese no pienso tener
             sino a quien Diana quiera,
             porque ya en su casta esfera
             me pretendo entretener.   335

FLORELA   Si desa manera sabes,
             tú me podrás enseñar.

LAURA   Esto solamente es dar
             a tu voluntad las llaves
             bella Diana, en la mía.   340

FLORELA   Ahora bien, quiero creer
             que soy Diana, por ver
             de tu sol la cortesía;
             pues la luz que yo tuviere
             me ha de venir de la tuya.   345

LAURA   En que me ha de dar la suya,
             del mismo cielo la espere,
             que hoy en tu ingenio restaura
             mi vida.

FLORELA   ¡Alejandro fiero,
             volveré al mundo primero   350
             que vos os caséis con Laura!

             (*Vanse.*)

LADY DI ALLORO   Querida Ferrara, la noticia del día
             es la llegada de un nuevo pretendiente al pa-
             lacio: el príncipe de Urbino, ¡nada menos
             que Paris en persona! Su apariencia esbelta

y elegante lo convierten en un rival digno de atención para el temido Alejandro. ¿Quién diría que tendríamos competencia real en el juego de los corazones? ¿Algún pretendiente estará a su altura? La intriga está servida.

Firmado: Lady di Alloro.

Escena 5

Sale Paris.

Paris	¿El de Mantua, en fin, llegó?
Criado	Y de suerte, que no hay hombre que de mirar no se asombre la grandeza que mostró.

355

Paris	¿Qué hombre?
Criado	Mozo y galán, barbinegro, algo fornido.
Paris	¿Muchas galas?
Criado	No han salido, pero mañana saldrán.

Paris   Porque sé de Laura ya   360
que por su gusto se rige;
con priesa el Duque le aflige,
y ella muy despacio está:
el talle me pone miedo.

Criado   Del Infante de Aragón,   365
también en esta ocasión
mayor ponértele puedo.

Escena 6

Salen el DUQUE *de Ferrara y* FINEA.

DUQUE   Como creciendo van los pretendientes.
Crece mi confusión y mis cuidados.

PARIS   Beso tus pies.

DUQUE   ¡Oh, Paris, generoso!   370

PARIS   ¿No estás bueno, señor?

DUQUE   Tan solo triste.
No dejan de llegar pretendientes.
Llamad a Laura.

CRIADO   Voy.

DUQUE   Si se entretiene
Laura en libros, en versos, en historias
y en amar a Diana, no me espanto   375
que de casarse pierda los deseos.

CRIADO   Oro y laurel merecen sus cabellos.

Escena 7

Sale LAURA.

LAURA	¿Qué manda tu Excelencia?

DUQUE   Laura mía,
                  ¿qué hacías, que me matas con tu ausencia?
                  Huyes de mí como si fuese amante;   380
                  mas haces bien, que en todos cuantos tienes
                  ninguno como yo te quiere y ama.

LAURA   Beso tus pies; que de tu amor segura,
                  y por no le agraviar, huyo de todos.

DUQUE   Pues hija, no ha de ser de esa manera;   385
                  quítame este cuidado, por tu vida,
                  y muera yo sin él.

PARIS   ¡Ay, cielo santo!
                  sin duda el Duque quiere darme a Laura.

LAURA   Señor, yo vivo por tu gusto sólo;
                  en mi tu voluntad es ley precisa: 390
                  ¿a quién me mandas que de todos quiera?

PARIS   ¡Cielos, poned mi nombre entre sus labios!

DUQUE   Laura, a tu cuenta pongo sus agravios;
               escoge, que a tu gusto estoy resuelto.

LAURA   Mi padre quiere al Principe de Urbino,   395
               pues que me dice aquesto en su presencia.
               Señor…

DUQUE   Habla, no temas.

PARIS   Santo cielo,
               benévolos planetas, ayudadme:
               estrellas que quisisteis, hoy es día
               de dolores de un hombre que ama tanto: 400
               inclinarla podéis, ¡oh luces bellas!

LAURA   Señor, tres días me has de dar.

DUQUE   Tres días
               es término debido a tu vergüenza:
               consulta el almohada estas dos noches,
               y no tengas suspenso tanto Príncipe,   405
               a Ferrara hecha ejército, y a un viejo
               que te engendró, con pena tan extraña.
               Quede en paz con Italia y con España.

Escena 8

Vanse todos, y queda Laura *sola.*

LAURA   Menos hizo Lisímaco saliendo
contra el fiero león en desafío;   410
Eneas en pasar el negro río,
y Alcides en matar el monstruo horrendo;
Ulises al gigante oscureciendo;
César en sujetar de Francia el brío,
y el músico de Tracia en el sombrío   415
reino, las puertas de diamante abriendo,
que quien se determina al casamiento:
donde la libertad su dueño escoge,
por el discurso de la vida, a tiento,
el alma sin consulta no se arroje;   420
y quien tuviere tanto atrevimiento,
del mal que le viniere no se enoje.

Escena 9

Entra FLORELA.

FLORELA	Hállome tan mal sin ti,
	que dejé el huerto y las flores.
LAURA	Bien te debo esos amores.

425

FLORELA	¿Cómo tan sola y aquí?
LAURA	Déjame mi padre así
	con la pena que me dio.
FLORELA	¿Pena? Pues ¿en qué te habló?
LAURA	Quiere darme un gran disgusto.

430

FLORELA	Casarte a tu gusto es justo,
	pero a tu disgusto no.
LAURA	¡Ay, Diana! ¡Cuántas veces
	me previniste este día!
FLORELA	¿La justa tristeza mía

435

con nuevas tristezas creces?
Mudado color me ofreces.
¿Dónde se han ido las rosas
de tus mejillas hermosas?

LAURA   Ayudar el corazón,   440
que aún siento en la mano el son
de sus alas temerosas.
Dígame mi padre aquí
que me casase, Diana,
no con la fuerza tirana   445
que de la suya temí,
más tan presto, que sentí
que le cansan mis porfías;
y así, le pedí tres días
para escoger el que fuese,   450
con las que suyas me diese,
dueño de las prendas mías.
Siento, si verdad te digo,
el hacer esta elección;
que puedo, por mi afición,   455
comprar un grande enemigo;
pero, tratando contigo,
¿cuál te parece mejor?
Algo se templa el temor,
porque con tu entendimiento,   460
no puede en mi casamiento
haber desdicha ni error.
Este, que ya con su nombre
despertó mi inclinación,
hoy pasó por el balcón   465
muy galán y gentilhombre;
que esto diga no te asombre:
pasó el francés y español,
y éste solo, como sol,
dejó calor de su fuego,   470
porque entre sus ojos luego
me fui como mirasol.
¿Qué dices? ¿De qué te has puesto

tan triste? No es el casarme
ocasión para olvidarme   475
de nuestro amor dulce, honesto;
bien sabes que he presupuesto
tenerte siempre conmigo:
el día estaré contigo,
y de la noche el lugar,   480
Diana, que pueda hurtar
a mi forzoso enemigo.

FLORELA   No siento que has de mudarte,
ni que para no quererme
merced y amistad hacerme,   485
será tu marido parte;
pero, pues de declararte
es imposible mi daño,
Laura, yo te desengaño,
que hoy verás la muerte mía,   490
y sabrás al fin del día
el fin de todo mi engaño.
No sé lo que diga, espera,
que me tiembla el corazón;
sosegaré la pasión   495
deste primero accidente.

LAURA   ¡Dilo, acaba!

FLORELA   ¿Y si entra gente?

LAURA   Trocaremos la razón.

FLORELA   Yo soy, generosa Laura,
a quien prosperen los cielos   500

<blockquote>
tanto, que la envidia diga
tan altos merecimientos,
yo soy…; mas, ¿cómo, señora,
a decírtelo me atrevo?
Yo soy hombre.
</blockquote>

LAURA	¡Santo Dios!	505

FLORELA   ¿Ves si fue justo mi miedo?

LAURA   ¿Hombre tú?

FLORELA   Pues si te alteras,
Laura, a ser mujer me vuelvo;
advierte que me juraste
guardar el justo secreto.   510

LAURA   No entendí lo que juraba;
en más confusión me has puesto:
pero pienso que me engañas
con tu raro entendimiento.

FLORELA   No engaño, Laura, no engaño,   515
ni quieras testigos desto,
que es la prueba peligrosa.

LAURA   No te espantes si no puedo
satisfacer a los ojos,
viendo tu rostro y cabellos,   520
tus acciones mujeriles,
con los demás movimientos.
Diana, no sé qué diga;
sé que en los pasados tiempos

| | muchas burlas desta suerte | 525 |
| | las fábulas escribieron. | |

FLORELA Poco contigo merezco
si no me escuchas siquiera.

LAURA ¿Qué puedes decir, si has hecho
un atrevimiento igual?   530

FLORELA Mas oye el atrevimiento;
que tiempo habrá de matarme.

LAURA ¿Que tú eres hombre?... ¡No puedo
persuadirme a que eres hombre!

FLORELA Laura, en verte dudar, pienso   535
que de que sea verdad
no te ha faltado deseo.
Amando una estatua un hombre,
fue tan importuno al cielo,
que se la volvió mujer: 540
lo mismo tu amor ha hecho.
Si no ha un hora que me amabas,
y entre esos álamos negros
dijiste: «Si fueras hombre,
tú solo fueras mi dueño»,   545
y por milagro de amor,
hombre, como ves, me vuelvo,
¿de qué te enojas, qué quieres?

LAURA No me enojo.

FLORELA   Pues ¿qué?

LAURA   Temo
que quien, por ver que la estimo,   550
de mujer hombre se ha vuelto,
se vuelva de hombre mujer
la noche del casamiento.

FLORELA   Laura mía, yo soy hombre:
en mi tierra, sobre celos,   555
maté del mismo señor
a su príncipe heredero.
Yo tenía seis hermanas,
y el peligro manifiesto
me obligó a vestirme entre ellas   560
el traje que agora tengo.
Soy mancebo, como ves;
entró la justicia dentro,
y tanto las parecía,
que jamás me conocieron.   565
Disimularon mis padres,
que me contaban por muerto;
dejé el cabello crecer
por su gusto y su consejo.
Vine a vestirme tan bien,   570
que para que echase el resto
mi desventura conmigo,
dio en servirme un caballero.
Sufrí músicas de noche,
sufrí papeles, requiebros   575
y todo lo que es sufrible
cuando hay paredes en medio.
Pero llegando ocasión,
le fie mi pensamiento,
pidiéndole que su amor   580

trocase en darme remedio.
Sacóme, en fin, de mi casa,
y anduvo fuera tan necio,
que para desengañarle
hubo espadas de por medio.   585
Yo caminé por Italia
con este vestido, a efecto
de ir seguro hasta Venecia.
Tratóse tu casamiento;
vi tu retratos, ¡oh Laura!   590
Supe tus gracias con ellos;
trújome amor a servirte:
diste en mostrármele inmenso.
Fiásteme tu persona
en ocasiones, que creo   595
que no debo de ser hombre,
pues no tuve atrevimiento.
Creció mi amor con el tuyo;
no vivo si no te veo;
no duermo pensando en ti,   600
y sueño en ti cuando duermo.
Dícesme que ya te casas;
cuéntame, Laura, por muerto…
No puedo más…

LAURA   ¡Caso extraño!
ya lo que me dices creo.   605
No puedo agora arrojarme
a decirte lo que siento:
no llores, que me lastimas;
que aunque tal delito has hecho
contra el honor de mi padre,   610
el amor que tengo puesto

en tu ingenio y en tu talle,
me obliga a tener suspenso
por ahora mi castigo,
y aun quizá mi casamiento.   615
¿Tu nombre?

FLORELA   Félix me llamo.

LAURA   Félix, tres días tenemos
de término; tú, que sabes
transformaciones y enredos,
¿qué haremos para impedir   620
destos novios el deseo?
Porque si tú no le das....

FLORELA   Espera, Laura, te ruego;
yo haré de suerte que puedas
dilatar por mucho tiempo   625
tus bodas.

LAURA   ¿De qué manera?

FLORELA   Di, señora, que temiendo
agraviar Príncipes tantos
de iguales merecimientos,
por no entregar a las armas   630
lo que es amor y sosiego,
a las letras lo remites,
y que quien de todos ellos
me declarare un enigma
y venciere en argumentos,   635
será tu esposo.

LAURA   Bien dices.

FLORELA   Oye.

LAURA   ¿Qué quieres?

FLORELA   ¿Habemos
de ser amigos?

LAURA   Pues ¿no?
Pero no sé qué me tengo,
que no te miran mis ojos   640
con satisfacción del pecho.

FLORELA   Ya entiendo lo que te impide:
despacio, Laura, hablaremos,
donde en mi ingenio verás
La prueba de los ingenios.   645

Fin de la jornada primera.

Jornada segunda

LADY DI ALLORO   Ferrara, Ferrara, Laura ha pedido tres días para elegir a su futuro esposo, desatando una competición digna de una duquesa. Parece que un fénix está de por medio: Diana ha urdido una serie de pruebas, desafiando a los pretendientes a demostrar su valía. ¡El infante de Aragón acaba de llegar para sumarse al desafío! ¿Quién será el afortunado que resuelva todos los acertijos y gane la mano de Laura? ¿Podrán superar al ingenio de una criada? ¡El espectáculo acaba de comenzar!

Firmado: Lady di Alloro

Escena 10

Salen el Infante *de Aragón y el coro.*

Infante   Yo tuviera por mejor
que se hubiera remitido
a las armas; que, en rigor,
más caballero he nacido
que no estudiante y doctor: 650
Verdad es que no del todo
soy lego y rudo ignorante;
 que en las cosas deste modo,
mejor al hierro del guante
que a la pluma, me acomodo.   655
Más señora Laura fuera
cuando en batalla pusiera
quien mereciera su mano,
que no en un papel liviano
con una obscura quimera.   660

Criado 1   Tres cosas dice el papel;
todas tres les hará temblar.

Criado 2   ¿Hay más que un enigma en él?

Infante   También se ha de argumentar
con la secretaria de él.   665

Criado 1   Si es mujer, ¿por qué teméis?

INFANTE	Nací Infante de Aragón,
	y, por la espada que veis,
	tuviera por más blasón
	quitar a Laura los tres. 670
	¿Quién ha de saber entrar
	si se labra el laberinto
	como la enigma?

CRIADO 2   Intentar
remedio.

INFANTE   Lejos me pinto
de querer y de acertar.   675
Dile que parece mal
que le rija una mujer
en causa tan principal.

CRIADO 1   Poco debes de saber,
para pensar ese mal.   680

INFANTE   ¿Sabes que fuera mejor,
aunque en esto me es contraria,
pues tiene tanto valor
la señora secretaria,
poner en ella mi amor?   685

CRIADO 2   Aunque es mejor, te prometo,
que en el corredor te esperes,

INFANTE   Allá aguardo muy discreto:
que aún virtudes de mujeres
se han de tratar con secreto.   690

Escena 11

Vase el Infante, *y salen* Alejandro *y* Camacho.

Camacho   Esta es la copia del papel fijado,
como te digo, en la primer columna
del palacio que miras encantado.

Alejandro   Cayó la de mi próspera fortuna.

Camacho   ¿Con un papel no más? ¿Qué es el
[cuidado?   695

Alejandro   ¡Oh, Camacho mudanzas de la Luna,
a quien parecen tanto las mujeres!

Camacho   Si no le estás sujeto, no te alteres.

Alejandro   ¿Sabes lo que ha firmado con su nombre
Laura en este papel?

Camacho   Todo lo he visto,   700
mas no es razón que tu grandeza asombre.

Alejandro   Ya con la secretaria me enemisto:
Diana dicen que es su casto nombre:
sus desgracias parezcan a Calixto.
y plegue al cielo que en su mismo traje   705
Júpiter otra vez a Arcadia baje.

CAMACHO	Dame dos días, y si al cabo dellos la enigma no declaro…
ALEJANDRO	¿A qué te pones?
CAMACHO	A que vaya a pacer con los camellos Gamarza vil y tallos de gamones. 710
ALEJANDRO	Pues véla a ver.
CAMACHO	Los versos no son bellos, llenos están de mil imperfecciones: sólo el ser de mujer los pone estima.
ALEJANDRO	Bien me agradan a mí.
CAMACHO	Dice la enigma, soy, no soy; quiero, no quiero; 715 engaño con desengaño, celos doy, de celos muero, es mi remedio mi daño, mi vida en mi muerte espero; acuérdome de olvidada, 720 tengo dicha desdichada, camino en mi bien atrás, donde soy nada soy más, y donde soy más soy nada.
ALEJANDRO	¿Esto dices, Camacho, que en dos días 725 me darás entendido y declarado?
CAMACHO	Y aun agora, ¡por Dios! te lo dijera, a no ser porque en poco lo estimaras.

¿No has visto que un letrado algunas veces
hace que da mil vueltas a los libros,   730
porque se tenga al parecer en algo?

ALEJANDRO   Cuando pudiera ser que se entendiera
lo que dice esta enigma con que quiere
probar de Italia los ingenios Laura,
¿quién vencerá después sus argumentos? 735
Y cuando en ellos la venciese un hombre,
cosa que con mujer no es grande prueba,
le queda por entrar el laberinto
Bestia, si luz llevar se permitiese,
cualquiera entrar podría.

CAMACHO   Pues qué, ¿a obscuras?   740

ALEJANDRO   A oscuras pues, que hay guardas a la puerta
que han de mirar y desnudar un hombre,
para ver si la esconde o lleva cosa
que pueda sustentarle un solo día.

CAMACHO   Ahora bien: si el entrar es imposible   745
con luz en este oscuro laberinto,
escúchame un remedio saludable.

ALEJANDRO   ¿Cómo?

CAMACHO   La autora desto, ¿no es Diana?

ALEJANDRO   Así es verdad.

CAMACHO   Pues conquistarla.

ALEJANDRO ¿Cómo?
¿Qué tesoros humanos aprovechan? 750

CAMACHO Amor, que desatina a las mujeres,
hará que diga este secreto a un hombre.
Pues si Sansón le descubrió el secreto,
¿cuánto mejor Diana a quien la sirva,
y más si le promete casamiento? 755

ALEJANDRO Bien dices, que ha de ser muy gentilhombre.

CAMACHO Si va por gentilhombre y por discreto,
¿qué más que yo?

ALEJANDRO ¿Qué dices?

CAMACHO Que vestido
fingiendo ser un título de España,
pues no soy conocido de ninguno, 760
podré servirla aquí, y está seguro
del ingenio diabólico que tengo,
que no sólo el secreto que te importa
le sacaré del pecho, pero el alma
a fuerza de embelecos y razones. 765

ALEJANDRO A probarlos estoy determinado;
pero será forzoso, con vestirle,
ponerle casa.

CAMACHO ¡Casa! Impertinencia;
que yo he de ser tu huésped, y con cuatro
o seis pajes no más, y dos lacayos, 770
es acabado el gasto deste príncipe.

ALEJANDRO   Al pensar que me han dado estas mujeres
con las burlas de aqueste laberinto,
quiero pagar, Camacho, en otras tantas.
Resuélvome a vestirte y darte gente,   775
el nombre que fingieres conveniente.
En la Corte de España, ¿qué apellido
es el más general y conocido?

CAMACHO   Coches es más común, y me parece
que llamarme don Coche.

ALEJANDRO   ¿Ves, tú mismo,   780
como éste es loco?

CAMACHO   Estábame burlando.

ALEJANDRO   ¿Qué nombre, pues?

CAMACHO   Don Lucas de Galicia.

ALEJANDRO   ¿Y el título?

CAMACHO   Marqués de Malafaba.

ALEJANDRO   La burla está en su punto; ve delante;
que hoy has de ser marqués y huésped
                               [mío.   785

CAMACHO   ¡Ah, enigma, enigma! ¡Ah, laberinto ciego!
¡Un marqués con enjerto de lacayo!
¿Qué calzas tengo yo de laberinto,
donde las cuchilladas son las calles
y por de dentro dellas no es posible   790
hallar sin luz el centro?

ALEJANDRO   Así restaura
                    la burla de su amor quien pierde a Laura.

(*Vanse.*)

Escena 12

Sale Paris.

Paris   Haré el papel mil pedazos.
No desconfíes tan presto.
Si éste es proceder honesto,   795
mida Alejandro sus brazos.
Laura no quiere llegar
sus bodas a ejecución,
y con aquesta invención
no quiere más de ocupar   800
para irnos de cansados
y ella elija al de su gusto.
Todo me ha dado disgusto,
todo aumenta mis cuidados.
¿Es posible que ha de ser   805
tan difícil? Yo no creo
que ha de faltar un Teseo.
Mas ya le debe de haber:

Escena 13

Entra CAMACHO, *en hábito de caballero.*

CRIADO	Alguien viene, mi señor,
	a saber quién os envío 810
	este señor. Bien podría
	saberlo de su valor.

PARIS	Beso a Vuestra Señoría
	las manos.

CAMACHO	¿Quién es, cariño? 815

PARIS	Soy el príncipe de Urbino.

CAMACHO	Como no le conocía
	a Vuestra Excelencia, y soy
	y soy atribulado de vista,
	no he pagado a letra vista 815
	la obligación en que estoy
	hanme perdido estos pajes
	el mejor antojo.

PARIS	Creo
	el buen ánimo y deseo:
	¿usa España destos trajes? 820
	En fin, ¿que Vueseñoría
	deja la Corte muy buena?

CAMACHO   Si, señor, aunque con pena.

PARIS   ¿De qué?

CAMACHO   De la ausencia mía,
que en extremo se ha sentido.   825

PARIS   Y tienen mucha razón.
¿Qué título, qué blasón
goza su noble apellido?
¿De qué discretas costumbres
harto el ingenio le alaba?   830

CAMACHO   Marqués de la Malafaba.

PARIS   ¿Dónde cae?

CAMACHO   En las legumbres.

PARIS   ¿Cómo se viene a casar
a Italia Vueseñoría?

CAMACHO   Por un retrato que un día   835
vi, queriéndome acostar;
que cuando un hombre se acuesta,
toma mucho de memoria;
y así, vengo a ver la gloria
de la verdad manifiesta.   840
Andan, en fin, los contratos,
y todo en buen punto está;
que los príncipes, allá
casámonos por retratos.

PARIS   Qué, ¿ya sabe deste amor?   845

CAMACHO   Crié, para sólo esto,
un embajador.

PARIS   ¡Qué presto
te me ha dado el cielo favor!
Casaráse con Diana,
no lo dudo. Me haré amigo   850
Hoy ha de comer conmigo,
Vusía.

CAMACHO   De buena gana.
¡Hola! Al de Mantua decid
que con el de Urbino como,
y sabed del mayordomo   855
que nuevas hay de Madrid:
no me aguarden a comer;
que el de Urbino me dio agrado,
porque es bien morigerado
y de galán proceder.   860

(*Vanse.*)

LADY DI ALLORO   Ferrara, Ferrara, las pruebas se complican: un enigma, un debate y un laberinto. Laura no hace las cosas fáciles, ¿verdad? Los pretendientes comienzan a desesperarse y buscar nuevas estrategias como buscar otra diana a la que apuntar ¿Acaso el corazón de Laura no desea ser conquistado, o simplemente prefiere otra compañía más exquisita en la fuente? Tal vez ya haya un Teseo dispuesto a desentrañar ese laberinto. ¿Es todo un juego, o hay una estrategia de las damas en este vals de amor?

Firmado: Lady di Alloro

Escena 14

Salen FLORELA *y* LAURA.

FLORELA   Con soledad te deseo.

LAURA   Si yo en la misma no estoy,
no me parece que soy
la que te adoro y te veo.

FLORELA   Dame, mis ojos, la mano,   865
y dime nuevas de mí
que desde que vivo en ti
me las preguntas en vano.
¿Cómo me acoges allá?
¿Qué te dicen los sentidos?   870

LAURA   Que ya a los ojos y oídos
bien de tu gloria les va.

FLORELA   Si te quejas de las manos,
dame licencia, mi bien.

LAURA   ¡Ay Dios, las manos detén,   875
que son burlas de villanos!

FLORELA   Yo siempre te hablo de veras.

LAURA   Félix, mucho me enamoras:
si mi amor crece por horas,
de mi paciencia, ¿qué esperas?   880

FLORELA   Yo no tengo que esperar más
que licencias de amor,
para el último favor
a que te puedo obligar.
¿Tú no has de ser mi mujer?   885
¿No es casto mi pensamiento?

LAURA   El honor al casamiento
nunca anticipa el placer.
Tente en ti, por vida mía,
y porque me miras tierno,   890
y del amor el gobierno
no es ley, sino tiranía,
hablemos en otra cosa
que deste amor nos divierta.

FLORELA   Cierras a mi bien la puerta,   895
dejando el alma quejosa:
mas dime, ¿qué puede haber
que nos divierta de amor?

LAURA   Amor de un competidor.

FLORELA   Luego celos han de ser.   900
Mas di qué competidor
da ocasión a tratar de él.

LAURA   ¿Quién? Alejandro.

FLORELA   ¡Ay, cruel
y siempre ingrato a mi amor!

LAURA   ¿Qué dices?

FLORELA   Que, ¿cómo quieres   905
que de Alejandro tratemos?

LAURA   ¿Ya tan presto haces extremos?

FLORELA   Notables sois las mujeres:
¿Para qué puede ser bueno
Alejandro entre los dos?   910
Y para mí, que ¡por Dios!
Que es como darme veneno.

LAURA   No te enojes, Félix mío:
que darte yo por momentos
cuenta aún de los pensamientos   915
que de mí propia no fío,
no es agraviar, mas servir
lo que te debo querer.
Alejandro, desde ayer,
me procura persuadir   920
aquesta noche le hable
por el terrero.

FLORELA   ¡No más!
En esas dudas estás:
tú serás presto mudable.

LAURA   Vuelve esos tiernos ojuelos,   925
porque nunca están los hombres

más lindos y gentilhombres
que cuando rabian de celos.
¡Ea, que me enojaré!

FLORELA   En tu vida me verás.   930

LAURA   Si hablare en el Duque más…

FLORELA   Suelta, Laura, suéltame.
              Reventaré si no lloro.
              De aquí a un rato me hallarás
              en esas fuentes, si vas   935
              a ver con qué amor te adoro.

LAURA   Aquí conmigo restaura
              nuestra amistad.

FLORELA   No lo intentes.

LAURA   Pues yo iré. Dime a qué fuentes.

FLORELA   A las de mis ojos, Laura;   940
              que el corazón en que estás,
              hecho esclavo diligente,
              irá por agua a la fuente
              de los celos que me das.

              (*Vase* FLORELA.)

Escena 15

LAURA   ¿Hay alguna mujer que más confusa   945
viva en amor que yo? ¿Qué hechizo extraño
me lleva, por los pasos de mi daño,
adonde el mismo amor no siente excusa?
Parece que el espejo de Medusa
convierte mi razón en este engaño;   950
pues amo diestra en tanto desengaño,
sin duda que el amor es ciencia infusa.
Ya me parece que es mujer hermosa
esto que adoro, ya que un hombre veo
ya me siento contenta y ya quejosa.   955
Pero, pues ya lo quiero, bien me empleo:
que el alma puede amar cualquiera cosa
si deja aparte el natural deseo.

Escena 16

Entra Finea

Finea	En el cristal desta fuente,
	como extendido papel, 960
	con la pluma de un clavel,
	deja que escriba y asiente
	por la cosa en ciencia humana
	más rara que ser podría:
	«Aquí estuvo Laura un día 965
	un momento sin Diana.»
Laura	Finea, si este secreto
	no guardas, tu muerte es cierta.
Finea	Ser antes mil veces muerta
	que traidora, te prometo. 970
Laura	Yo quiero a mi secretaria
	Diana, más que a mujer.
Finea	Pues es la igualdad del ser
	a diverso amor contrario,
	dame licencia, y diré que 975
	he sospechado que es hombre.

LAURA   Bien has hecho; no te asombre
mi flaqueza.

FINEA   A mí, ¿por qué?
Él tiene tanta hermosura
y divino entendimiento,   980
que obliga.

LAURA   Escucha mi intento,
así Dios te dé ventura:
Felix dice que se llama,
y me ha contado su historia,
digna de eterna memoria   985
en el templo de la fama.
Yo le he creído, y después,
viéndole tan recatado,
más que sospecha me ha dado
que no es lo que dice que es.   900
Tú, que no puedes perder
ni la autoridad ni el nombre,
finge amarle; que si es hombre,
yo quiero ser su mujer.

FINEA   ¡Buen concierto!

LAURA   Pues ¿no es bueno?   905
Y la ignorancia te salva.

FINEA   Pues me mandas hacer salva
donde sospechas veneno.

LAURA   ¿Qué te puede suceder
sólo de burlas?

FINEA   ¡Si vieras   910
                  qué presto llegan las veras,
                  supieras, Laura temer!
                  Pero yo, por agradarte,
                  sin que pierda de quien soy,
                  mi fe, señora, te doy   915
                  de amarle y desengañarte.

                  (*Vanse.*)

LADY DI ALLORO   ¿Tenéis las invitaciones? Esta no-
                  che toca baile. Nada más y nada menos que
                  en palacio, y la anfitriona es nuestra deseada
                  Laura. Preparad vuestras mejores galas. Ele-
                  gid pareja de baile. Y disfrutad de la música.
                  Cualquier cosa puede ocurrir esta noche.

Escena 17

Baile en el palacio. Entran FINEA *y* FLORELA.

FLORELA   Pues ¿tú me dices amores?

FINEA   ¿No te los dice también
             mi señora Laura?

FLORELA   ¿Quién?

FINEA   Laura.

FLORELA   ¿A mí?

FINEA   Mucho mayores;   920
             pues siendo ansí, no te espantes
             de que te requiebre yo.

FLORELA   (Sin duda, a solas nos vio,
             locos y necios amantes.)
             Pues ¿qué piensas tú de mí?   925
             ¿No sabes que soy mujer?

FINEA   ¿Y amarte no puede ser
             por mujer?

FLORELA   Mal.

FINEA   ¿Cómo ansí?

FLORELA   Porque tú no alcanzarás   930
             lo que es platónico amor.

FINEA   Basta que sepa el rigor
             de que tú ignorante estás
             Peces y árboles amaron
             muchos, y estatuas también;   935
             querer a la mujer bien,
             ¿qué decretos lo vedaron?

FLORELA   Y ¿qué más tiene rigor
             querer mujer a mujer
             que un hombre a otro hombre?

FINEA   El saber   940
             que es casto y lícito amor.

FLORELA   Yo, Finea, castigara
             mujer que quiere a mujer,
             y más cuando acierto a ver
             tocar la mano y la cara.   945
             Vete en buen hora, Finea:
             ama un hombre.

FINEA   Para mí,
             yo sé lo que quiero en ti
             y lo que el alma desea.

FLORELA   Ya te digo que me dejes.   950

FINEA   Paga este amor.

FLORELA	Tengo amor a Laura, y Laura es mejor.
FINEA	Es verdad.
FLORELA	Pues no te quejes.
FINEA	Si yo quiero imaginar que eres hombre, ¿no podré? 955
FLORELA	Algo has visto: ¿qué diré?
FINEA	Yo te tengo de buscar esta noche en tu aposento; tus gracias veré, ¿qué dudas? pues las pintan desnudas 960 perdona mi atrevimiento. Dame esa mano, Diana, que no soy Júpiter yo.

Escena 18

Entra Laura.

LAURA   Digo mil veces que no.
Vuélvele el papel sin gana.   965

FLORELA   ¿Qué papel?

LAURA   No, nada.

FLORELA   Di,
¿qué papel?

LAURA   Ya le dejé.

FLORELA   ¿Fue de Alejandro?

LAURA   Sí fue:
pero no lo recibí.

FLORELA   ¡Muerto soy!

LAURA   ¿Qué fue?

FINEA   Desmayo.   970

LAURA   Tenle esa mano.

FLORELA	¡Ay!
LAURA	¡Mi bien!
FINEA	Luego en diciéndole quién, fue como pasarle un rayo. Perdida está de color.
LAURA	Luego podremos hablar.

975

FINEA	Comencéla a requebrar, y tratóme con rigor. Que te quiere que te adora, y no sabes si es mujer ni hombre, ¿qué ha de saber quien no ha que la quiere un hora? Mas pues está desmayada, ensánchale el corazón, si con aquesta ocasión verle los pechos te agrada.

980

985

LAURA	Bien dices: yo la desnudo.
FLORELA	¡Ay, Dios!
FINEA	Quedo, que volvió.
LAURA	¡Mi bien!
FLORELA	¿Quien mi mal causó, que soy su bien decir pudo?

LAURA	Ve, Finea, a ver qué hace	990
	mi padre.	
FINEA	A mirarlo voy.	
LAURA	Félix mío, sola estoy.	
FLORELA	Bien sé, Laura, de qué nace	
	esto que conmigo has hecho;	
	Dios te lo perdone, Laura,	995
	porque ya la vital aura	
	desamparar quiso el pecho.	
	¿Qué es lo que quieres de mí?	
	Y de Alejandro, ¿qué quieres?	
	Volvamos a ser mujeres	1000
	si en ser hombre te ofendí.	
	Mentí, Laura; yo he mentido;	
	yo soy mujer: ¿no me ves	
	desde el cabello a los pies	
	tan mujer como el vestido?	1005
	Si te dije que hombre fui,	
	fue sólo por engañarte.	
LAURA	Félix, mi bien, no soy parte	
	para persuadirme a mí.	
	Cualquiera cosa que seas,	1010
	eres mi luz y mi sol.	

Escena 19

Salen el DUQUE *de Ferrara y el* INFANTE *de Aragón.*

DUQUE   Alábanme el español.

INFANTE   Pues hoy quiero que le veas.

DUQUE   Dicen que es humor notable.

INFANTE   Huésped de Alejandro es.   1015

DUQUE   ¿Es Laura?

INFANTE   Beso tus pies.

LAURA   ¿Dasme licencia que hable?

DUQUE   Al Infante, es gran razón.

LAURA   Y aquí estoy para serviros.

FLORELA   Oye, Laura, en mis suspiros   1020
                    los celos del corazón.

INFANTE   La fama su ingenio alaba.

FINEA   A besar viene tus pies
          un español.

DUQUE   Y ¿quién es?

FINEA   Marqués de la Malafaba.   1025
          que dicen que es peregrino
          y pretensor de Diana.

Escena 20

Entra CAMACHO.

CAMACHO	Porque he sido esta mañana
	huésped del Duque de Urbino,
	no besé, como debía, 1030
	los pies de Vuestra Excelencia.

LAURA   ¡Buen novio!

FLORELA   ¡Gentil presencia!

DUQUE   Sea Vuestra Señoría
muchas veces bienvenido.
¡Hola, sillas!

CAMACHO   Donde quiera   1035
estaré bien.

FLORELA   ¿Quién creyera
que éste me hubiera querido?

CAMACHO   A la señora Duquesa
beso la mano.

LAURA   Aquí estoy
para serviros.

FLORELA   Que soy   1040
quien ama, mucho me pesa,

CAMACHO   ¿Es la señora Diana,
la que llaman la divina,
la musa, la peregrina,
la sibila en forma humana?   1045

FLORELA   Soy Diana, y sólo esclava
del Gran Duque y mi señora.

CAMACHO   Desafío desde agora
la fama que en vos hablaba:
sois más bella y más gentil.   1050
En España oí de vos
dos cosas.

FLORELA   Y ¿son las dos?

CAMACHO   Divino ingenio sutil
y peregrina belleza.
Sólo a veros pasé el mar,   1055
porque tengo humor de amar
monstruos de naturaleza;
Con vos, que seréis tan presto
prueba de ingenios; señora,
no es bien que dispute agora,   1060
que ya he visto el cartel puesto.
La fuente es esta figura
matándose, y de manera
que la de Roma tuviera
menos acción y hermosura.   1065

DUQUE	Cenar conmigo tenéis,
	que gusto mucho de vos:
	si queréis, después las dos
	licencia también tenéis
	para que os entretengáis 1070
	con el Marqués.

LAURA   ¡Gran merced!

CAMACHO   Por muy vuestro me tened.

DUQUE   Conmigo os ruego vengáis.

CAMACHO   Honráis, señor, vuestra hechura.

Escena 21

Vanse todos, y quedan Laura *y* Florela.

LAURA   ¿Estás ya desenojado?   1075

FLORELA   Ninguna acción me ha quedado
              de libre con tu hermosura.
              Haz, Laura, tu voluntad:
              el Duque, tu padre, cena;
              habla a Alejandro, que pena   1080
              por conquistar tu ciudad:
              que yo me sabré morir.

LAURA   Él ronda el balcón del muro:
              mi Félix, si estar seguro
              está puesto en no le oír.   1085
              Vé tú, y finge que eres yo,
              y di a Alejandro tu gusto.

FLORELA   Parece que el cielo justo
              por boca de Laura habló.
              Ocasión se me ha ofrecido   1090
              para que a Laura aborrezca.
              Mi Laura, no te parezca
              que celoso y necio he sido.
              Vamos a hablarle las dos,
              no deje el Duque la mesa   1095
              y te llame.

LAURA   ¿Al fin te pesa
              de ser hombre?

FLORELA   No, ¡por Dios!
              Porque has de ser mi mujer.

LAURA   Él es hombre: ¿qué le miro?

FLORELA   Porque no lo soy suspiro,   1100
              que ya lo quisiera ser.

Escena 22

Sale ALEJANDRO, *de noche, con rodela y espada.*

ALEJANDRO	Aquí quiero ver, amor,	
	si es legitimo tu imperio,	
	o si eres señor tirano	
	de las almas y los cuerpos.	1105
	A mis ciegas pretensiones	
	voy mudando pensamientos,	
	por ver si pudiese alguno	
	hallar de Laura el deseo;	
	mas parecen maldiciones	1110
	de Florela, a quien desprecio,	
	estando tan obligado	
	a las muchas que le debo.	
	Después de obscuros enigmas	
	y temidos argumentos,	1115
	probar los ingenios quiere	
	en un laberinto nuevo.	
	Mas ¡ay, Dios! en los balcones	
	hacen señas; su voz siento.	
	¡Ánimo, turbados pasos!	1120

Escena 23

FLORELA y LAURA, *a la ventana.*

FLORELA Que es Alejandro sospecho.

LAURA Háblale, pues, que te doy
licencia.

FLORELA Los pies te beso;
mas guárdame el corredor.

LAURA Mi fama en tus manos dejo. 1125

(*Vase.*)

FLORELA Laura me ha dejado sola.
¡Ah, galán, el del terreno!
¿Sois vos el duque Alejandro?

ALEJANDRO Soy un Alejandro vuestro,
que más que daros el mundo 1130
de quien él se llamó dueño,
estimo el alma que os doy.

FLORELA Las palabras agradezco,
no las obras, porque sé
cuan pocas obras os debo. 1135

ALEJANDRO   Debéis pocas, señora,
porque probáis mis deseos
en probar mi ingenio corto
con laberintos de enredos.
¡Ojalá, como a Jasón,   1140
me mandáredes traeros
las hespéridas manzanas,
venciendo toros de fuego!
¡Ojalá…

FLORELA   No os alarguéis:
¿no sois vos el lisonjero   1145
que amaba a Florela en Mantua?

ALEJANDRO   ¿Yo a Florela?

FLORELA   ¡Lindo extremo!
¿Que luego no la engañasteis
con palabra y juramento
de ser su esposo?

ALEJANDRO   ¿A Florela?   1150
Miente, Laura, el caballero
que porque me despreciéis
eso os dice.

FLORELA   ¡Ah, santos cielos!
¡Quién pudiera agora hablar!
Yo tengo lo que merezco.   1155
¿Diré quién soy? Mas destruyo
la máquina que pretendo;
que en desengañando a Laura

de que soy mujer, sospecho
que ha de entregarse a Alejandro.   1160

ALEJANDRO   Gente viene: luego vuelvo.

Escena 24

Sale Camacho *con linterna y broquel.*

CAMACHO   Aquí me dijo mi amo
que repasaba requiebros
mientras el Duque cenaba.

ALEJANDRO   ¿Con luz, gentil majadero?   1165
Cúbrala, y pase de largo,
o matarésela.

CAMACHO   Quedo;
que aunque seáis Señoría,
me habéis de tener respeto.

ALEJANDRO   Diga quién es, o por Dios,   1170
que la linterna y sombrero
le he de echar de un cintarazo
desotra parte del huerto!

CAMACHO   Yo soy el marqués don Lucas,
y si la linterna dejo,   1175
la tajante desensordo,
y la capa me revuelvo,
los bigotes me levanto
y pillo cólera, puedo
hacer pasar sus narices   1180
desotra parte del huerto.

ALEJANDRO	¿Es Camacho?
CAMACHO	¿Es Alejandro?
ALEJANDRO	Loco, ¿adónde vas, qué es esto?
CAMACHO	El engaño está en su punto. ¡Oh, qué historias!

ALEJANDRO   Habla quedo   1185
que está Laura en el balcón.

CAMACHO   ¿Laura?

ALEJANDRO   Y Diana sospecho.

CAMACHO   Diana, espérame aquí.
¡Ah de las rejas del cielo!
¿Está la luna en su carro,   1190
o es ida al indio hemisferio?

FLORELA   ¿Quién es?

CAMACHO   El marqués don Lucas.

FLORELA   Temprano venís; no quiero
hablaros para tan poco:
salir a las tres me ofrezco;   1195
pero quiero agradecer
vuestro cuidado.

CAMACHO   Ya espero
favores de vuestra mano.

FLORELA   Este papel y este lienzo:
responded, porque me ha dicho.   1200
Laura que sois muy discreto.

CAMACHO   Ella os dijo la verdad.

FLORELA   Adiós.

CAMACHO   Escuchad.

FLORELA   No puedo.

ALEJANDRO   ¿Fuése?

CAMACHO   Ya se fue Diana.

ALEJANDRO   ¿Y Laura?

CAMACHO   Ya estaba dentro.   1205

ALEJANDRO   ¿Qué te dio?

CAMACHO   Lienzo y papel.

ALEJANDRO   Mucho alcanzas.

CAMACHO   Más merezco.

ALEJANDRO   Lee, pues que tienes luz.

CAMACHO   ¿Aquí?

ALEJANDRO   Qué importa?

CAMACHO   Comienzo.

(*Lee el papel.*)

FLORELA   «A quien quiero, no me quiere,   1210
             y a quien me quiere, no quiero.»

ALEJANDRO   Pasa adelante.

CAMACHO   No hay más.

ALEJANDRO   ¿No hay más?

CAMACHO   No, que todo es menos.
             ¡Válate Dios el papel!

ALEJANDRO   ¿Entiéndesle?

CAMACHO   Bien le entiendo: 1215
             toda esta casa es enigmas,
             laberinto y embelecos;
             dice que me quiere bien,
             pero que yo no la quiero,
             y que por mí deja a muchos,   1220

ALEJANDRO   ¡Linda bestia!

CAMACHO   ¿Es mal acuerdo
             que las cosas de mi daño
             las entienda en mi provecho?

ALEJANDRO   ¿Cómo?

Camacho	Duque, di a entender	
	que una fuente le presento,	1225
	todas las piezas en cajas,	
	y él la quiere poner dentro	
	del jardín del laberinto,	
	y yo en ellas poner pienso	
	muy lindas botas de vino,	1230
	jamones cocidos, quesos,	
	bizcochos y conservas ricas.	

Camacho   Duque, di a entender

ALEJANDRO   ¡Extraña invención!

CAMACHO   No creo
que aunque dentro nos perdamos
nos falte en un mes sustento.   1235

ALEJANDRO   Los brazos te quiero dar.

CAMACHO   Hachas vienen.

ALEJANDRO   Huye presto.

CAMACHO   Tuya ha de ser Laura, y mía
La prueba de los ingenios.

Fin de la jornada segunda.

Jornada tercera

LADY DI ALLORO   Querida Ferrara, continúa nuestra historia y ningún caballero ha sido capaz de desentrañar el enigma, y así persisten los misterios en nuestro palacio. Va a dar comienzo la segunda prueba: el debate con nuestra esfinge, Diana. En la corte todos se preparan para argumentar. Ningún galán se ve amenazado por el ingenio de esta dama, ¿deberían temerlo? ¿Cuál será el argumento que una simple mujer pueda defender ante dignos caballeros?

Escena 25

Hay música de chirimías, y vayan entrando Alejandro, *el* Infante, *el* Duque, Camacho, Laura, Finea *y* Florela, *con un laurel y siéntese*
Florela *detrás de una mesa.*

FLORELA   Excusando oraciones que pudieran   1240
causar fastidio, Duque generoso,
Príncipes nobles, aunque justas eran,
y debido decoro a un acto honroso,
y porque cortas alabanzas fueran
las de mi ingenio, en mar tan espacioso,   1245
daré principio al acto presupuesto
con pediros perdón.

ALEJANDRO   Cielos, ¿qué es esto?

CAMACHO   ¿De qué te admiras?

ALEJANDRO   Esta no es Diana.

CAMACHO   Pues ¿quién, señor?

ALEJANDRO   ¡Ay, español, Florela!
La que llaman Sibila mantüana: 1250
fuerte es amor; cuando otros duermen, vela.

CAMACHO   Calla, que ya te mira.

ALEJANDRO   Es cosa llana:
la máquina que ves, toda es cautela
para estorbar de Laura el casamiento.

CAMACHO   Ya vuelve a hablar.

ALEJANDRO   ¡Extraño fingimiento!   1255

FLORELA   Propúsose un enigma, y hanse dado
declaraciones; mas quien sólo acierta,
queda para las bodas reservado,
que publicarle en ellas se concierta.
Yo tengo este lugar mal ocupado   1260
para argüir, que es la primera puerta
del laberinto; pero ya le tengo,
y tal cual soy, a responderos vengo.
Sustento que las mujeres
son aptas y son perfectas   1265
para el gobierno y las armas,
lo mismo para las ciencias.

ALEJANDRO   Generosos caballeros,
damas discretas y bellas,
aunque de argüir así   1270
Dios sabe lo que me pesa,
digo, famosa Diana,
que es la mujer imperfecta
criatura, y que jamás
quiso la naturaleza   1275
producirla ni engendrarla;
luego si la admite apenas

	para acciones animales,	
	y solamente aumentan	
	número al mundo, ¿quién duda	1280
	que no la dio para ciencias	
	aptitud ni habilidad,	
	porque son puras materias,	
	y que tienen, como es cierto,	
	superior naturaleza?	1285

FLORELA   El antecedente niego,
porque como ella pretenda
conservar la especie, es llano,
por forzosa consecuencia,
que así la generación   1290
de la mujer, pues sin ella
no se puede conservar.

ALEJANDRO   Contra.

PARIS   Raro ingenio muestra.

ALEJANDRO   La naturaleza, siempre
lo que es más perfecto intenta   1295
producir, como Aristóteles
dice en lo de cielo y tierra,
La mujer, en nuestra especie
humana es más imperfecta:
luego nunca lo pretende   1300
producir naturaleza.

FLORELA   Niego la menor, y niego
que más imperfecta sea.

ALEJANDRO   ¡Pruebo!

FLORELA   ¡Niego!

ALEJANDRO   Lo primero,
              con las muchas experiencias   1305
              tres argumentos de aquí,
              curiosos, sacar pudiera,
              de la igualdad de las almas,
              cuál parte en el cuerpo sea
              la primera que se forma,   1310
              y la aptitud a las ciencias;
              mas yo me rindo, señora.

INFANTE   Pues yo, con licencia vuestra,
              a la réplica respondo.
              Dijistes, Diana, que eran   1315
              por algún camino sólo
              las de vuestro ser perfectas
              con la causa universal;
              mas no decís por qué sea
              más imperfecta que el hombre,   1320
              y si serlo me confiesan,
              arguyo así: La mujer
              es más que el hombre imperfecta;
              el hombre más imperfecto
              no es hábil para las ciencias;   1325
              luego menos la mujer.

FLORELA   Niego la mayor, y atenta
              a que arguyáis, español,
              en menos vulgar materia,
              digo que un hombre no es   1330

más que otro imperfecto, y queda
probado con que las almas
son iguales.

INFANTE   Contra, adviertan.

FLORELA   Niego.

INFANTE   Pruebo.

FLORELA   Oiré la prueba.

INFANTE   Orden tan determinada   1335
según de naturaleza
el orden.

FLORELA   Es gran verdad.

(El INFANTE *se rinde a darse cuenta de su inco-*
herencia.)

PARIS   Oíd, con vuestra licencia,
un argumento más llano:
vos decís, Diana bella,   1340
que con igual intención
produce naturaleza
lo perfecto e imperfecto:
¿Cuál es la cosa primera
que en nuestro cuerpo se forma?   1345

FLORELA   Quisiéraos dar por respuesta
la de Aristóteles, pues
quiere que el corazón sea

en quien el calor acaba,
de la suerte que comienza   1350
la arterial sangre que cría
y la que en su cuerpo aumenta;
y otras cosas de esta traza,
porque son cuestiones médicas,

PARIS   Luego mujer que no tiene   1355
temperamento a las ciencias
dispuesto, no puede ser
que ella hábil sea para ellas.

FLORELA   Oh, ¡qué presto os arrojáis!
¿Sabéis vos, Paris, cuál sea   1340
el mejor temperamento
para la gran excelencia
del ingenio?

PARIS   Sí.

FLORELA   ¿Cuál es?
Para que sus partes sepa.

PARIS   El melancólico.

FLORELA   Niego.   1345

PARIS   Pruebo: sea la experiencia
que Aristóteles confirma
pues que Lisandro de Grecia.
Sócrates, Platón, Empedocles,
fueron la misma tristeza.   1350
Los viejos son más prudentes,

en ellos vemos que reina
mas melancólico humor;
luego es el de más esencia.

FLORELA   Mayor y menor concedo,   1355
Paris, y la consecuencia
niego, porque el ser prudentes,
la experiencia se lo enseña.
Sequedad, melancolía,
 acompañan la grandeza   1360
el temperamento tierno
de las mujeres os muestra
que las más hábiles son
para las divinas ciencias.

CAMACHO   Altamente ha respondido: 1365
nadie arguya, ni se meta
en contradecir verdades
tan bien probadas y ciertas:
y si no, con las historias
las antiguas y modernas,   1370
ya veréis que las mujeres
son en la paz y en la guerra,
y en el gobierno, famosas:
Mirad la hermosa Condesa
de Castilla en la prisión,   1375
para que se fuese della
el conde Fernán González;
mirad aquella gallega
lo que en la Coruña hizo,
con una espada y rodela,   1380
en tiempo del rey don Sancho;
pero alabar su grandeza
es proceso en infinito:

	sólo digo en su defensa,	
	que con las armas que traigo,	1385
	a quien las llame imperfectas	
	le reto de sol a sol;	
	pero esto es cosa muy vieja,	
	y habrá caballo y lancita,	
	y alborotar la comedia;	1390
	pero si alguno quisiere	
	buscarme, voyme a la vega,	
	donde si me hallaren bien,	
	a sombras de una alameda	
	y si no, estaré en mi casa,	1395
	si es mediodía, en la mesa,	
	y si es de noche, en la cama;	
	¡anto la cólera ciega!	

FLORELA   Tenelde, no le dejéis.

LAURA   Ya no es posible que vuelva.   1400

FLORELA   Caballeros, esto es dicho:
Laura al laberinto se entra
conmigo y con dos criadas;
probad la tercera prueba.

(*Vanse todos, y quédase* ALEJANDRO *solo.*)

Escena 26

ALEJANDRO ¿Por quién lo que por mi pasar pudiera? 1405
¿Quién fuera sino yo tan desdichado?
A Florela, que en Mantua había dejado,
hallo en Ferrara contra mi tan fiera;
Laura me mata; ¡oh, nunca yo la viera
Florela me persigue, y se ha vengado, 1410
pues con el laberinto fabricado,
entretener mi pretensión espera.
Como un hambriento Tántalo me pinto,
a la boca la fruta hermosa y bella.
mil lenguas della, y del cristal distinto. 1415
Yo he entrado donde el tiempo me atropella,
porque si es toda el alma laberinto,
¿cómo podrán salir cuidados della?

Escena 27

Sale CAMACHO.

CAMACHO   Algo el enojo perdido,
vuelvo a buscar a Alejandro,   1420
que, más ciego que Leandro,
va por alta mar perdido.
¿No sales a acompañar
al Duque?

ALEJANDRO   Estoy de manera,
que hoy a Mantua me volviera   1425
si amor me diera lugar;
que aquesta mujer, o arpía,
venga contra su decoro,
para que Laura, que adoro,
ya no lo pueda ser mía.   1430

CAMACHO   Todo lo tengo entendido:
mas esa misma razón
esfuerza tu pretensión.

ALEJANDRO   Estoy por Laura perdido,
y aunque mil vidas perdiera   1435
por el interés de entrar…

CAMACHO   Las guardas hacen llamar.

ALEJANDRO   El Duque a la puerta espera.

CAMACHO   Sí, porque Laura y Diana,
y alguna gente, aunque poca,   1440
entran con luz.

ALEJANDRO   Hoy me toca
la empresa.

CAMACHO   La empresa es llana.
No hay más de llegar y abrir
sacar yesca y encender,
y con llevar de comer,   1445
seguramente partir.

ALEJANDRO   Pues por ventura tendría
que entrases tú por tu parte,
para que viniendo a hallarte,
fueses en mi compañía.   1450

CAMACHO   ¿Yo, señor? Pues ¿quiero yo,
por dicha, a Laura?

ALEJANDRO   Mi gusto,
¿no es más que Laura?

CAMACHO   Es muy justo.
Pero ¿si llego?

ALEJANDRO   Eso no;
que con una luz iremos   1455
luego que allí la encendamos,
y en sintiendo que llegamos,

la senda dividiremos:
tú echarás por otra parte;
yo al palacio llegaré.   1460

CAMACHO   Soy español; ¿qué podré,
justo o injusto, negarte?
Camina.

ALEJANDRO   Delante voy.

CAMACHO   Si en el laberinto quedo,
escriba alguno a Toledo   1465
que hecho carne momia estoy.

(*Vanse.*)

Escena 28

Salen LAURA y FLORELA.

FLORELA
¡Ay, Laura, con qué temor
ya cerca del fin me pinto!

LAURA
¿Qué temes?

FLORELA
   Que al laberinto
ha de hallar entrada amor;   1470
que amor es grande arquitecto.

LAURA
Aunque fuese tan dichoso,
tan sutil, tan ingenioso,
tan solícito y secreto,
Félix de mi corazón,   1475
algunos destos señores,
no querrán nuestros amores
dar lugar a su afición.
Tuya seré como fin,
o la vida perderé.   1480

FLORELA
Mira que me moriré
cuando te apartes de mí;
mira que he puesto en tus ojos
el aliento desta vida;
de sus niñas está asida;   1485

honra, Laura, tus despojos.
Si tantas almas tuviera,
cada pestaña en sus puntas
ensartara un alma, y juntas,
guarda a tus ojos hiciera.   1490
Mira, Laura, que esto ha sido,
hasta agora, entretenerte:
si alguno llegare a verte,
que no le admitas te pido.

LAURA   Fía, amores, de mi amor.   1495

FLORELA   Mira, dulce vida mía,
que el amor nunca se fía
sino de igual o mayor.

LAURA   Ni el tuyo es igual al mío,
ni mayor le puede haber.   1500

FLORELA   ¿Que eres mía?

LAURA   Tu mujer.

FLORELA   Pues de esa palabra fío.

(*Se besan y vase* FLORELA.)

Escena 29

Sale Finea.

FINEA ¿Aún en medio del camino
del laberinto te paras?
Mira que hay industrias raras, 1505
y que tu boda adivino.
Deja de amar, si es posible,
aqueste fénix o Félix.

LAURA Nunca por los campos de Elis
anduvo Apolo visible 1510
con más ingenio y belleza;
mas ¿cómo no me contaste
lo que con mi bien pasaste?

FINEA Aun no pasé la corteza:
pero, en fin, yo me atreví, 1515
Laura, a llegar a su cama,
y aunque temiendo la llama,
la colcha de seda así.

LAURA ¿Cómo?, ¿cómo? ¡por tu vida!

FINEA ¿No digo que extraña estás? 1520
Que así la colcha.

LAURA   ¿Qué más?
          Y ¿qué más?

FINEA   Que después de asida
          me sintió, y dijo: «¿Es mi Laura?
          Es el Minotauro hermoso
          del laberinto amoroso?»   1525
          «No soy sino niña taura»,
          mendrosa le respondí,
          y hacia los pies me llegué.

LAURA   ¿No eres más necia?

FINEA   ¿Por qué
          si su nieve y nácar vi?   1530

LAURA   En este juego que ves,
          puesto que es Félix figura,
          mi brújula no procura
          conocella por los pies.
          Mas, dime más, dime más: 1535
          ¿qué tocaste?

FINEA   ¡Extraña eres!
          ¿Que brujuleé no quieres,
          y preguntándome estás?
          Muy diferentes se ven
          los pies de sota o caballo.   1540

LAURA   El Duque llama.

FINEA   Yo callo
          por haberte allá más bien.

LAURA   Sí; mas dime sólo esto:
         ¿puedo querer?

FINEA   Puede ser.

LAURA   Si es figura de mujer,   1545
         no quiero envidar el resto.

(*Vanse.*)

LADY DI ALLORO   Ferrara, por fin ha llegado el momento que todos estábamos esperando: la tercera y última prueba. A las puertas del palacio, nuestros pretendientes están listos y preparados. Miedo, expectación y determinación se reflejan en sus rostros. Hoy será su ingenio el que deba luchar para alcanzar el centro primero, donde Laura aguarda para conocer a su futuro esposo y Duque de Ferrara. Ya se preparan los pretendientes a las puertas.

Escena 30

Sale el INFANTE *de Aragón.*

INFANTE   Hoy he de entrar en este laberinto,
               que como dicen, los ingenios prueba.

GUARDA 1   ¿Quién va?

INFANTE   El Infante de Aragón.

GUARDA 2   ¿Qué manda
               Vuestra Alteza?

INFANTE   Probar esta aventura.   1555

GUARDA 1   ¿Sabe el concierto?

INFANTE   Sí.

GUARDA 2   Pues entra, Aurelio,
               y en esa cuadra atentamente mira,
               con los demás, si lleva alguna cosa
               contra las leyes deste laberinto.

INFANTE   Bien sé que he de venir libre de todo.   1560

GUARDA 1   Perdone Vuestra Alteza.

Infante

Amor me guíe.

Escena 31

GUARDA 1	¡Detente, por tu vida!
PARIS	No me tengas: pues no sabes que voy a entrar seguro, aunque éste fuere el babilonio muro?
GUARDA 2	¿Quieres entrar así? ¿Qué industria [llevas? 1565
PARIS	La mayor que sospecho que es posible que pueda hallar, amigo, ingenio humano: pues yo sé que en oyéndola me animes a la entrada que temes.
GUARDA 2	¿De qué modo?
PARIS	¿Ves esta espada que ceñida traigo? 1670
GUARDA 1	Veo la espada que ceñida traes.
PARIS	Sácola de la vaina.
GUARDA 2	¡Lindo acero!
PARIS	Pues mira de qué suerte está labrada, que desde el puño hasta la punta corre una canal secreta por de dentro, 1675

y en ella va encajada una candela.
El pomo es hueco, que con un tornillo
se encaja fácilmente, y dentro llevo
yesca, eslabón y piedra, de manera
que puedo encender fuego cuando
[quiera.   1680

GUARDA 1   ¡Notable espada!

GUARDA 2   ¡Invención famosa!

PARIS   La autora deste obscuro laberinto
ha puesto nueve letras en tres calles
que son principio de otras seis, de suerte
que aunque viese las letras con la
[lumbre,   1685
si no sé de la forma que conciertan,
es imposible que al palacio llegue,
que cada calle muestra nueve entradas,
y sólo por las letras se conoce
cuál es aquella que al palacio guía.   1690

GUARDA 2   ¡Extraña sutileza! Di las letras.

PARIS   Dos aes, una equis, ene y erre,
una de y una ele y una o.

GUARDA 1   Y todas,
¿qué dicen juntas?

PARIS   Júntalas si puedes.

| GUARDA 2 | Des aes y una equis y una ene | 1695 |
| | no dicen nada, porque están trocadas. | |

PARIS   Así es verdad; mas como en los candados
de letras sólo el que su nombre sabe
le puede abrir, así este nombre es llave.

GUARDA 2   Dile, ¡por vida mía!

PARIS   Es Alejandro,   1700
porque puestas las letras en concierto.
Este pueden decir, y no otro alguno.

GUARDA 1   ¿Quién te dijo las letras?

PARIS   El dinero.
Un escultor, amigo, me las dijo,
porque son de madera, aunque
                [doradas,   1705
y casi de una vara cada una.
Tomé las letras, procuré juntallas,
y estudiélas de suerte, que he topado
el nombre de Alejandro.

GUARDA 1 y 2   ¡Extraño ingenio!

PARIS   Mayor ha sido el atinar que llegan   1710
hasta el palacio, y que el camino enseñan.
¿Qué ingenio grande has visto venturoso?

GUARDA 2   Entre Vuestra Excelencia a ese aposento,
donde por ley precisa ha de ser visto.

PARIS   Adiós, adiós,

GUARDA 1   La fama en ti restaura   1715
               un nuevo Alcides.

PARIS   Moriré por Laura.

Escena 32

Salen ALEJANDRO y CAMACHO.

CAMACHO   Ya se guarda la puerta, llegar puedes.

ALEJANDRO   ¡Ah de la guarda!

GUARDA 1   ¡Oh, príncipe Alejandro!
¡Oh gran Duque de Mantua!

ALEJANDRO   La alta empresa
de la señora Laura me ha traído   1720
a peligro de amor tan conocido.

CAMACHO   ¡Guardas!

GUARDA 1   ¿Quién es?

CAMACHO   Yo soy, ¿no me conoces?

GUARDA 1   ¿Quién es Vueseñoría?

CAMACHO   Soy don Lucas
de Galicia.

GUARDA 2   ¿El Marqués?

CAMACHO   El mismo.

GUARDA 2   Y ¿quiere
probar Vueseñoría esta aventura?   1725

CAMACHO   ¿Fáltame a mi valor, fáltame ingenio?

GUARDA 1   Entre, que aún ser podría que cayese
en el lacillo la perdiz.

CAMACHO   Yo entro.

(*Entra* CAMACHO *y Vanse todos.*)

Escena 33

Sale ALEJANDRO, *perdido en el laberinto.*

ALEJANDRO   ¿Adónde, pies atrevidos,
de un loco español guiados,   1730
por pasos tan mal contados
vais ciegamente perdidos?
¿Dónde estoy? ¡Válgame el cielo!
¿Si atrás o adelante voy?
¿Si al fin o al principio estoy?   1735
Pero en vano me desvelo,
que aquí tengo de morir.
¡Oh lumbre, del cielo adorno!
Atrás parece que torno:
¿por dónde tengo de ir?   1740

Escena 34

Entra CAMACHO *perdido.*

CAMACHO   Basta, que lo que temía
me ha venido a suceder:
¿quién me mandó a mi tener
tan temeraria osadía?
Perdido voy, y más siento   1745
que de hambre voy perdido.
¡Yo mismo mi muerte he sido!

ALEJANDRO   Voces parece que siento.

CAMACHO   ¡Pobre Camacho! ¿Estas son
respuestas de un hombre honrado?   1750
¡Ved qué mujer me ha engañado:
una bota y un jamón!

ALEJANDRO   Torno a decir que he sentido
gente. ¿Si al palacio llego?

CAMACHO   ¡Cielos! Yo sólo estoy ciego,   1755
que el oír no le he perdido;
mas ¿si llegase al palacio?
Que, a la fe, que suena gente.

ALEJANDRO	Digo que cerca se siente:	
	pies turbados, id despacio,	1760
	no demos en otra calle	
	que de la voz nos aleje.	

CAMACHO   Nadie hasta su fin se queje:
           ¿cosa que el palacio halle?
           Al atrevido el amor,   1765
           y al osado la fortuna.

ALEJANDRO Laura, con piedad alguna,
           hace este alegre rumor:
           tendrá lástima de mí,
           y al fin se querrá casar.   1770

CAMACHO   Laura debe de guiar
           a los que llegan aquí.
           ¿Cosa que fuese Camacho
           Duque de Ferrara hoy?

ALEJANDRO A la voz más cerca voy.   1775

CAMACHO   ¡Oh amor, desnudo y muchacho,
           guíame ¡mas estás ciego!
           Mi bien. ¿sois vos?

ALEJANDRO   Vida mía,
           tu luz mis tinieblas guía.

           (*Abrázanse los dos.*)

CAMACHO   Mi gloria, a tus brazos llego.   1780

ALEJANDRO   ¿Quién eres?

CAMACHO   Don Lucas soy.
           ¿Y tú?

ALEJANDRO   Alejandro, borracho.

CAMACHO   ¡Qué hermosa Laura!

ALEJANDRO   Camacho,
           por ti desta suerte estoy.

CAMACHO   ¿Y yo estoy en la posada?   1785
           ¿En qué hostería me ves?

ALEJANDRO   ¿Y las cajas?

CAMACHO   Si después
           esa tu dama burlada
           las hizo quitar de allí,
           ¿qué culpa le tengo yo?   1790

ALEJANDRO   Quien de allí no se volvió,
           ¿por qué se queja de ti?
           Pero tú, ¿para qué entraste?

CAMACHO   Por buscarte.

ALEJANDRO   ¿Qué he de hacer?

CAMACHO   ¿Tienes algo que comer?   1795

ALEJANDRO   Lo que en las cajas guardaste.

CAMACHO	¡Que yo entrase en laberintos!
	¿Adónde mi seso está?
	¿Faltábame por allá
	deste peligro distintos?	1800
	¿No es laberinto el gobierno
	del sustento de una casa?
	Y un pleito civil que pasa
	de ser temporal a eterno,
	¿no es laberinto?

ALEJANDRO   Detente,   1805
no hagas discursos tan largos.
Cuando quisiera ser Argos
desta vaca impertinente,
envidio los ojos bellos
en la cola del pavón.   1810

CAMACHO   Justa fue mi perdición:
yo mismo, de los cabellos
truje mi desdicha a mí
por tomar oficio ajeno;
si por Laura me condeno,   1815
¿cuándo la amé ni la vi?

ALEJANDRO   Mejor, Camacho, pareces
a un astrólogo engañado,
pues de cierto y desdichado
el mismo nombre mereces.   1820

CAMACHO   Luego aquí me azotarán,
y a ti vendrán a prenderte.

ALEJANDRO   Ten por más cierta la muerte.

CAMACHO   Oye.

ALEJANDRO   ¿Cómo?

CAMACHO   Voces dan

(Sale el INFANTE, *perdido.)*

INFANTE   ¿Puede haber más desventura,   1825
que haber hasta aquí llegado
con las trenzas, que me ha dado
más ánimo que ventura?
Pues volver, ¿cómo ha de ser?

ALEJANDRO   Digo que es gente.

INFANTE   ¡Ay de mí!   1830
¿Cómo he de salir de aquí?

CAMACHO   Voz parece de mujer.

INFANTE   ¿Hay dicha como la mía?
Cerca del palacio estoy,
pues oigo hablar: allá voy.   1835

ALEJANDRO   Camacho, allá te desvía
y déjame a mi llegar.
¡Mi bien!

INFANTE   ¡Luz de aquestos ojos!

ALEJANDRO   ¡Oh. qué he pasado de enojos
hasta que te vine hallar!   1840

CAMACHO   Lleguemos juntos los dos:
            ¿todo ha de ser para ti?

INFANTE   ¿Qué es aquesto? ¿Es hombre?

ALEJANDRO   Sí,
            y pienso que lo sois vos.

INFANTE   Hombre soy.

ALEJANDRO   ¿Quién?

INFANTE   El Infante.   1845

CAMACHO   Yo tengo gentil despacho.

ALEJANDRO   Yo Alejandro.

CAMACHO   Y yo Camacho,
            amador extravagante.

ALEJANDRO   ¿Dónde vais?

INFANTE   Perdido voy.

ALEJANDRO   Aquí habemos de morir.   1850

INFANTE   Luego ¿no podéis salir?

ALEJANDRO   Yo por dar voces estoy.

INFANTE   Démoslas, y por vencidos
            a socorrernos vendrán.

CAMACHO	Señores, ¿por dónde van al mesón de los perdidos?	1855
ALEJANDRO	¡Laura, Laura, yo me doy por vencido, ven por mí!	
INFANTE	¡Yo también, Laura, perdí; ven por mí, que ya lo estoy!	1860
CAMACHO	¡Laura, estas vidas restaura!	
ALEJANDRO	¡Ah, Laura, por los dos ven!	
CAMACHO	¡Y por Camacho también!	
INFANTE	¡Laura!	
ALEJANDRO	¡Laura!	
CAMACHO	¡Laura!	
ALEJANDRO	¡Laura!	

Escena 35

Salen FLORELA y LAURA.

FLORELA   ¿Qué diré yo, con el temor que tengo   1865
de perder tu hermosura?

LAURA   Está seguro,
Félix, de que los canso y entretengo;
en tanto, amores de tu bien procuro.

FLORELA   Pasos y voces dan.

(*Entre con una luz pequeña* PARIS.)

PARIS   Yo soy, que vengo
por este mar de oscuridad al muro   1870
de la torre de Laura: luces bellas,
adiós, que no lo sois donde hay estrellas.
¿Qué me miráis? Yo soy, Paris me nombro,
más honrado Paris que el Troyano;
Duque de Urbino soy.

FLORELA   ¡Extraño asombro!   1875

LAURA   ¿Quién te dio luz?

PARIS   Tu rostro soberano.

LAURA   ¿No te miraron?

PARIS   De la planta al hombro,
hasta las rayas de la propia mano;
pero en el hueco acero de esta espada
truje la luz, cubierta en cera hilada: 1880
este pomo es la caja en que han venido
la piedra y yesca, porque él fue el acero
que me dio las centellas, della herido,
vilas letras, que entendí primero:
Alejandro es el nombre que he seguido.   1885
Laura es mi esposa.

LAURA   Espera un poco.

PARIS   Espero.

(*Dentro,* ALEJANDRO *el* INFANTE *y* CAMACHO.)

FLORELA   Terribles voces dan.

(*Dentro.*)

ALEJANDRO   ¡Ah, Laura!

INFANTE   ¡Laura!

CAMACHO   ¿Adónde estás, hermosa Minotaura?

(*Salen* ALEJANDRO, *el* INFANTE *y* CAMACHO.)

ALEJANDRO   Por fin llegamos, Camacho.   1890

PARIS   Perdido habéis, caballeros,
porque primero he llegado.
Dame, pues hoy la merezco,
Laura, esa nieve con alma.

LAURA   Paris, detente.

PARIS   ¿A qué efeto?   1895

LAURA   Estoy casada.

PARIS   ¿Casada?

CAMACHO   Aderézame esos bledos.
También esto es laberinto.

LAURA   ¿No ves que marido tengo?

ALEJANDRO ¿Dónde?

LAURA   Aquí.

PARIS   ¿Quién de vosotros   1900
es este vil caballero?
Que desde aquí…

ALEJANDRO   Paso, Paris.

CAMACHO   Paris, o nones, teneos,
mirad que el marqués don Lucas
es quien está de por medio.   1905

PARIS   Digo que es traidor cualquiera
               que haya hecho el casamiento.

ALEJANDRO   Yo, por lo menos, no soy.

PARIS   Pues si no sois vos, yo menos.
               Luego ¿este español ha sido?   1910
               Pues villano…

CAMACHO   Quedo, quedo:
               que si a mí me quiere Laura,
               será porque lo merezco,
               pero no porque en mi vida
               le he dicho malo ni bueno.   1915
               Déme esa mano, Vusía.

PARIS   Mataré, traidor, primero
               cien mil españoles.

CAMACHO   ¡Hola!
               Que soy Marqués como censo.

PARIS   ¿Qué es como censo?

CAMACHO   Al quitar,   1920
               porque Alejandro me ha hecho.

ALEJANDRO   Habla, Laura, di quién es.

LAURA   Es la secretaria.

CAMACHO   ¡Ay, cielos!

LAURA	Diana, señor, es hombre,	
	y un generoso mancebo.	1925
CAMACHO	¿Hombre eres, Diana?	
FLORELA	Yo…	
PARIS	Qué, ¿te turbas?	
CAMACHO	¡Bueno es esto!	
	Hola, secretaria macho:	
	publicad vuestro secreto;	
	que nos tenéis muy confusos.	1930
ALEJANDRO	Laura engañada, ya es tiempo	
	que diga yo la verdad:	
	de la mano a Paris luego,	
	que Diana es mi mujer,	
	y todos estos enredos	1935
	han sido para estorbar	
	conmigo tu casamiento;	
	esta es Florela de Mantua.	
LAURA	Félix, ¿qué dices?	
FLORELA	Que dejo	
	el Félix y el ser Diana,	1940
	y que a Florela me vuelvo.	
	Perdona. Laura, que amor,	
	combatido de los celos,	
	hace tales invenciones,	
	dignas de prosas y versos;	1945
	con ésta gané a Alejandro,	

con ésta al príncipe ruego
apadrine nuestras bodas.

LAURA   Paris, perdonad: que creo
que un ingenio de mujer   1950
es prueba de mil ingenios.

CAMACHO   Agora entiendo la enigma.
¿No eres tú misma?

FLORELA   No niego
que soy y no soy, cual dice,
y quiero lo que no quiero;   1955
era Félix, no era Félix,
con lo demás que ya dejo,
pues, en fin, queda tan claro
a tales entendimientos.

(*Se mezclan las voces de* LADY DI ALLORO *y*
FLORELA.)

LADY DI A.   que soy y no soy, cual dice,   1960
Y quiero lo que no quiero;
Era Felix, no era Felix
Con lo demás que ya dejo,
Pues, en fin, queda tan claro
A tales entendimientos.   1965

Ahora sí, queridos y queridas habitantes de
Ferrara, me despido de vosotros resolviendo
el último enigma. Lady di Alloro es vuestra
Florela. Que pretendiendo ser burlada, bur-
ló a todo Ferrara.

CAMACHO   En fin, ¿ya sois de Alejandro?

FLORELA   Después de todo, qué menos.

TODOS   Y de esta suerte os agrade
           Por muchos años y buenos;
           que después sabréis mis faltas,   1970
           para que acabe con esto
           el laberinto de amor
           y Prueba de los ingenios.

           Fin de la comedia.

Esta primera edición de *La prueba de los ingenios*
de Noelia Pérez, terminó de imprimirse
en octubre de dos mil veinticinco,
en Madrid.